LOVE

par

Yves Saint Laurent

Concept : Marie-Paule Pellé

Conception graphique : Latzarus & Cie

par

Yves Saint Laurent

Préface de
PATRICK MAURIÈS

**Éditions
de La Martinière**

PRÉFACE

Trente cinq années – 1970-2005 – rondement menées dans le hasard du calendrier ; trois de ces décennies que l'on associe désormais, mécaniquement, à différents mots d'ordre, qui exprimeraient, condenseraient l'esprit du temps. Encore faut-il résister à la tentation de faire de ce *love* – plus fermé, plus dense, que le velouté, le diffus *amour* du français – le motif par excellence du *flower power*, de ces années d'utopie naïve sur lesquelles nous nous retournerions du haut de nos années 2000, avec condescendance ou indulgence, après avoir été glorieusement consuméristes (les années 80) puis sinistrement prosaïques (les années 90).

C'est peut-être parce qu'il vit sous l'empire de l'éphémère, jouant avec un objet qui meurt jeune, comme l'on sait, que le couturier se doit, en un paradoxe apparent, d'oublier les mots d'ordre du temps et de poursuivre avec obstination et patience la chronique intransigeante de son désir. C'est l'une de ces chroniques qui est ici rassemblée, d'autant plus émouvante qu'elle n'a jamais été conçue comme telle. Recueil d'images, légères traces laissées par les événements qui *occupent*, au point de la rendre invisible, l'existence et qui s'imposent avec le recul du temps comme autant de reliques laissées sur le sable par une mer qui se retire.

Il suffit de parcourir rapidement cet ensemble de feuilles adressées, au gré de l'envie, par Yves Saint Laurent au cercle de ses amis pour voir s'y dessiner le spectre – à tous les sens du mot, de couleur et de mémoire – de toutes ces années. Derrière les arabesques, les stries, les guillochages, l'entrelac de rouge et de noir et blanc des débuts, se discerne l'écho du moment où l'on retrouvait Erté et Dunand, Beardsley ou l'Art Déco, la fantaisie géométrique et laquée des années vingt ou trente « réimposées » par l'enthousiasme de celles où l'on crut à une libération : moins citations ou allusions qu'affleurements, distorsions légères.

De là vers d'autres registres, d'autres motifs : colombes, fragments d'un pavage, tuiles de céramique, profil d'éphèbe, paysages de mer et de Marrakech, fleurs (images mêmes de la splendeur gratuite), hommages à Matisse, Braque ou Warhol… Les dessins, la ligne, la restriction de moyens du début ouvrent sur le collage, la découpe, l'aplat de couleur, la virulence des tons purs. Mais d'un bout à l'autre, Saint Laurent reste marqué, de son propre aveu, par une culture que ne dominait pas la photo, mais où s'affirmait encore le trait, l'expression d'un style (*« À cette époque, il existait de fantastiques revues sur le théâtre. Il y avait aussi des magazines de mode avec des dessins de Bérard, de Dalí, de Cocteau. Aujourd'hui, quand on ouvre un journal, on ne retrouve pas de grands dessinateurs comme à cette époque ;*

il y a surtout des photos. Toute cette ambiance de magazines a été déterminante pour moi. Je me souviens de mes descentes à la Grande Librairie où j'allais m'approvisionner »). Rien de plus éloigné, on l'imagine, du paupérisme prospère, du *qualunquismo*, du parti pris de banalité dans lequel semble se retrouver, réactivement, dérisoirement, une certaine esthétique aujourd'hui, si ce n'est fournir l'article de foi essentiel (et transitoire) des arbitres du goût actuel.

Collages, papiers gommés, crayons de couleurs, gouaches, feutres : ce sont tous les outils traditionnels du bricolage domestique que l'on exploite dans les pages qui suivent, avec la jouissance, la fébrilité d'un amateur livré à son passe-temps, ou d'un enfant qui dessine la langue entre les dents. Bricolage qui serait un gage d'intimité : de ces petits trucs que l'on n'imagine que pour soi et quelques autres, ne prétendant qu'à transcrire l'impulsion d'un moment, un certain transport, une joie immédiate.

Expression de cette joie, pour peu que l'on considère attentivement ces papiers collés : le motif du *rayonnement* que l'on retrouve en leitmotiv tout au long de ces trente ans, rayonnement solaire lié bien sûr au paysage de l'enfance, à cette ville dans laquelle Saint Laurent s'enracine, et dont il ne cesse de rechercher la trace, serait-ce à Marrakech (*« Mes souvenirs me ramènent si fortement aux jours merveilleux de ce qu'était Oran où je suis né. Je revois cette belle ville avec son mélange de races, Algériens, Français, Italiens, Espagnols qui imprimaient leur bonne humeur, leur gaîté, leur folie de vivre passionnément »).* Et l'étoile même, expression de la mythologie lunaire, n'intervient pas ici comme un motif nocturne, mais comme une ponctuation d'enthousiasme, comme une étincelle, comme l'image d'une force positive.

Célébrer l'amour n'est pas, en même temps, se fermer béatement aux misères du monde, ni méconnaître la violence du réel ; ce serait même tout le contraire. Seul un être pour lequel *« vivre est un combat quotidien contre l'angoisse »* et dont on sait l'extrême délicatesse est à même de donner tout son prix à ce qui pourrait n'être qu'une formule de circonstance. Et l'on devine Saint Laurent sensible à toutes les ambiguïtés, les déchirements, les sentiments de plénitude et d'horreur vacante que recèle un tel mot.

Aimer, disait un maître il y a peu, c'est vouloir donner ce qu'on n'a pas à quelqu'un qui n'en veut pas. Voici donc une trentaine de papiers pliés, disséminés dans le temps, mais qui célèbrent tous la trouvaille inespérée, la correspondance absolue d'un instant, les puissances contondantes de la rencontre, la force de l'imprévu : cette force qui, d'un éclat, vous étoile.

PATRICK MAURIÈS

Yves Saint Laurent est né le 1er août 1936 à Oran, en Algérie. À l'âge de 17 ans, il vient à Paris pour apprendre le métier de couturier. Il entre chez Christian Dior dont il devient le principal collaborateur, puis le successeur, à la mort de ce dernier en 1957.

Trois ans plus tard, il décide, en association avec Pierre Bergé, de fonder sa propre maison de couture.

Le 29 janvier 1962, il présente sa première collection sous le nom d'Yves Saint Laurent.

Parallèlement à ses activités de couturier, Yves Saint Laurent dessine également de nombreux costumes pour le cinéma, le théâtre, l'opéra et le music-hall...

De nombreuses expositions rétrospectives de son œuvre sont présentées dans le monde entier : Metropolitan Museum of Art de New-York (1983), palais des Beaux-Arts de Pékin (1985), musée des Arts de la mode de Paris (1986), musée de l'Ermitage de Saint-Pétersbourg (1987), Art Gallery of New South Wales de Sydney (1987), Sezon Museum of Art de Tokyo (1990).

Le 12 mars 1985, M. François Mitterrand, président de la République française, lui remet personnellement les insignes de chevalier de la Légion d'honneur au palais de l'Élysée.

Le 1er janvier 1995, Yves Saint Laurent est promu au grade d'officier de la Légion d'honneur.

Le 12 juillet 1998, à l'occasion d'un spectacle pour la finale de la Coupe du Monde de football au Stade de France, Yves Saint Laurent met en scène 300 mannequins.

Le 2 juin 1999 à New York, le Council of Fashion Designers of America décerne à Yves Saint Laurent un Lifetime Achievement Award.

Le 22 janvier 2002, au Centre Pompidou, défilé rétrospectif des 40 années de carrière d'Yves Saint Laurent. Plus de 300 modèles sont présentés, ainsi que la dernière collection printemps-été 2002.

Le 31 octobre 2002, fermeture de l'activité d'Yves Saint Laurent haute couture.

Depuis 2002, Yves Saint Laurent se consacre aux activités de la Fondation Pierre Bergé-Yves Saint Laurent dont les buts sont la conservation des 5 000 vêtements et des 15 000 objets qui en constituent le fonds et l'organisation d'expositions thématiques.

et
Yves Saint Laurent

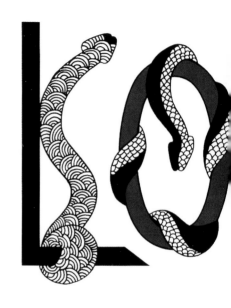

Yves Saint Laurent

L'amour est comme la fièvre ;
il naît et s'éteint sans que la volonté
y ait la moindre part.

De l'amour, STENDHAL

VE

2

Yves Saint Laurent

... l'Amour, voilà la grande Foi !

Soleil et chair, ARTHUR RIMBAUD

Je désire l'amour
comme on désire le sommeil.

Le Jour et la nuit, GEORGES BRAQUE

Dire que vous pouvez aimer une personne toute votre vie, c'est comme si vous prétendiez qu'une bougie continuera à brûler aussi longtemps que vous vivrez.

La Sonate à Kreutzer, LÉON TOLSTOÏ

YVES LOVES 1975

Yves Saint Laurent

Yves Saint Laurent

Il est plus facile de mourir que d'aimer.
C'est pourquoi je me donne le mal de vivre
mon amour...

Elsa, LOUIS ARAGON

L'amour est un châtiment.
Nous sommes punis de n'avoir pas
pu rester seuls.

Feu, Marguerite Yourcenar

Yves Saint Laurent

La mesure de l'amour,
c'est d'aimer sans mesure.

De l'amour, SAINT AUGUSTIN

On n'aime que ce qu'on ne possède pas.

La Prisonnière, Marcel Proust

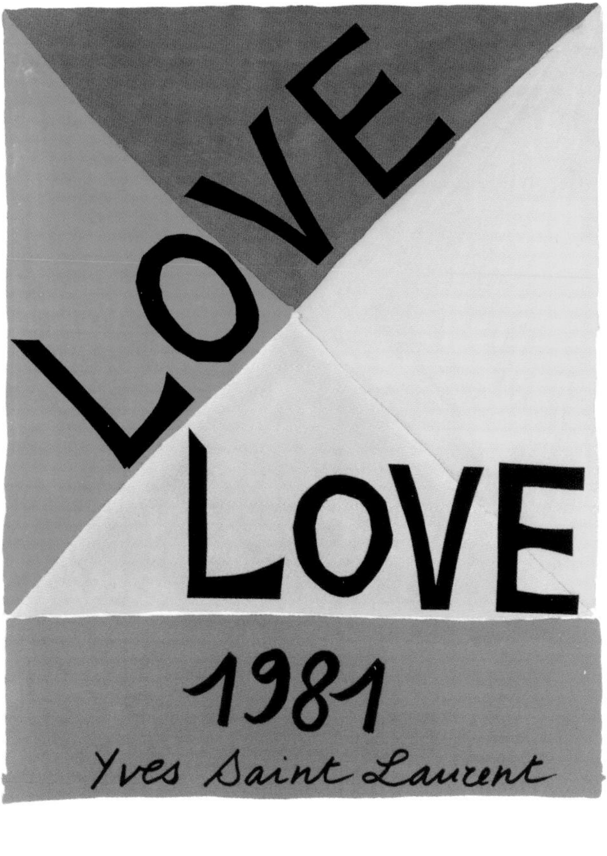
LOVE
LOVE
1981
Yves Saint Laurent

Il est du véritable amour
comme de l'apparition
des esprits : tout le monde
en parle, mais peu
de gens en ont vu.

Maximes,
FRANÇOIS DE LA ROCHEFOUCAULD

LOVE

1982

Yves Saint Laurent

Toute pensée qui n'est pas chargée
d'amour semble impie.

Journal, 1939-1949, ANDRÉ GIDE

LOVE

Yves Saint Laurent

L'amour choisit l'amour
sans changer de visage.

L'Amour la poésie, PAUL ÉLUARD

Yves Saint-Laurent

1

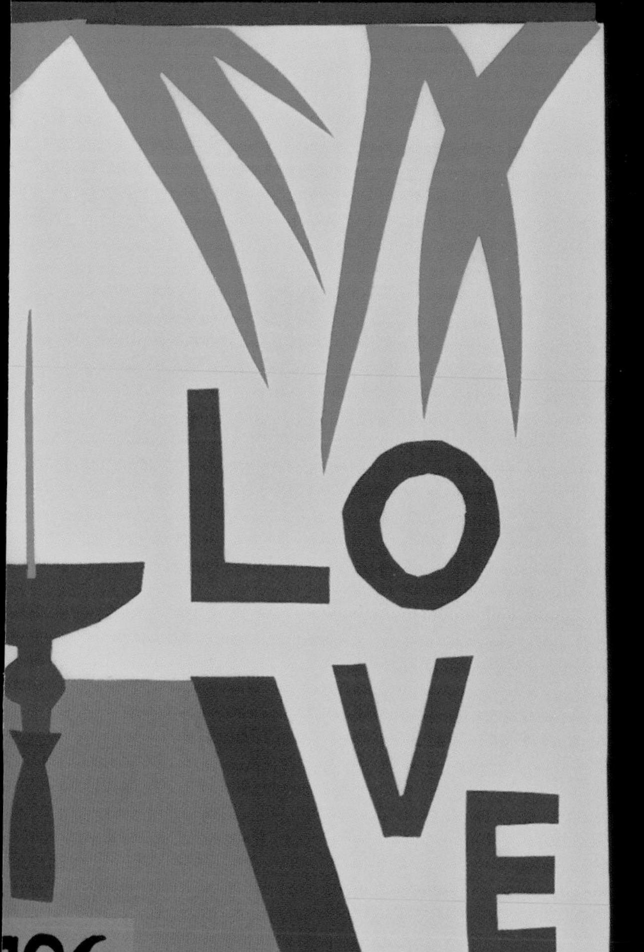
LOVE
986
Yves Saint Laurent

L'amour arrache les masques sans
lesquels nous craignons de ne pouvoir
vivre et derrière lesquels nous savons
que nous sommes incapables de le faire.

La Prochaine Fois, *le feu*, JAMES BALDWIN

YVES SAINT LAURENT

LOVE

Yves Saint Laurent

1988

Le plus bel amour ne signifie rien
quand il est brut : il lui faut la mise
en scène de la taille et de l'orfèvrerie.

La Fausse Maîtresse, FLAUBERT

Aucun amour ne peut
tenir lieu de l'amour.

Les Petits Chevaux de Tarquinia,
MARGUERITE DURAS

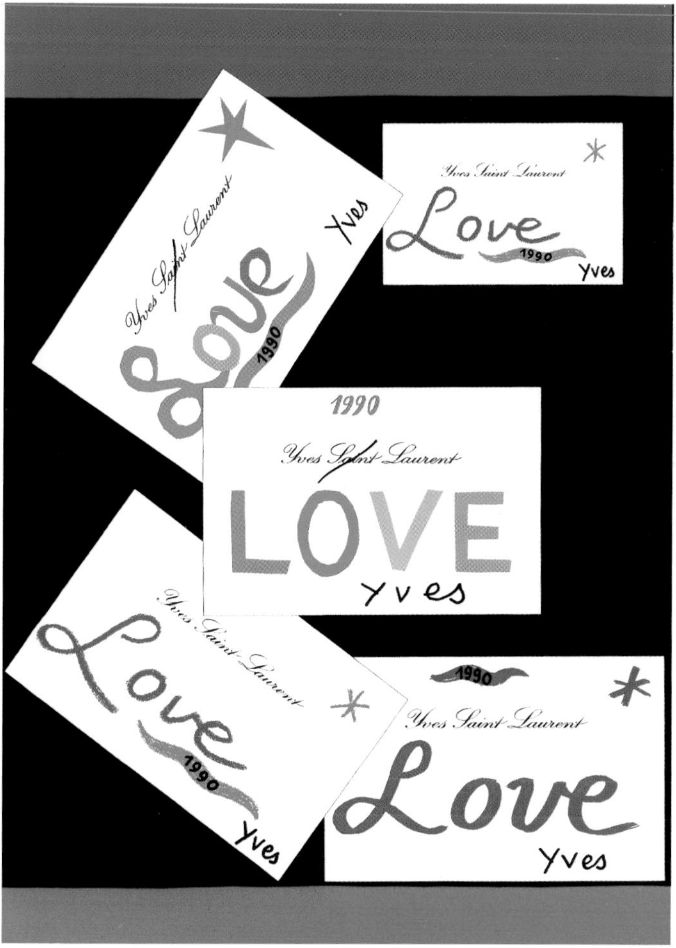

L'amour c'est beaucoup plus que l'amour.

Claire, Jacques Chardonne

Lui C'est Moujik

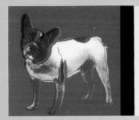

mon chien

peint par Andy Warhol

Moi je suis Yves Saint Laurent

Love 1991

Cette chose absurde et magnifique,
entre haut mal et bien suprême,
qu'on nomme légèrement amour.

Suite neuchâteloise, DENIS DE ROUGEMONT

1993

yves Saint Laurent

L'amour est la seule passion
qui ne souffre ni passé ni avenir.

Les Chouans, Honoré de Balzac

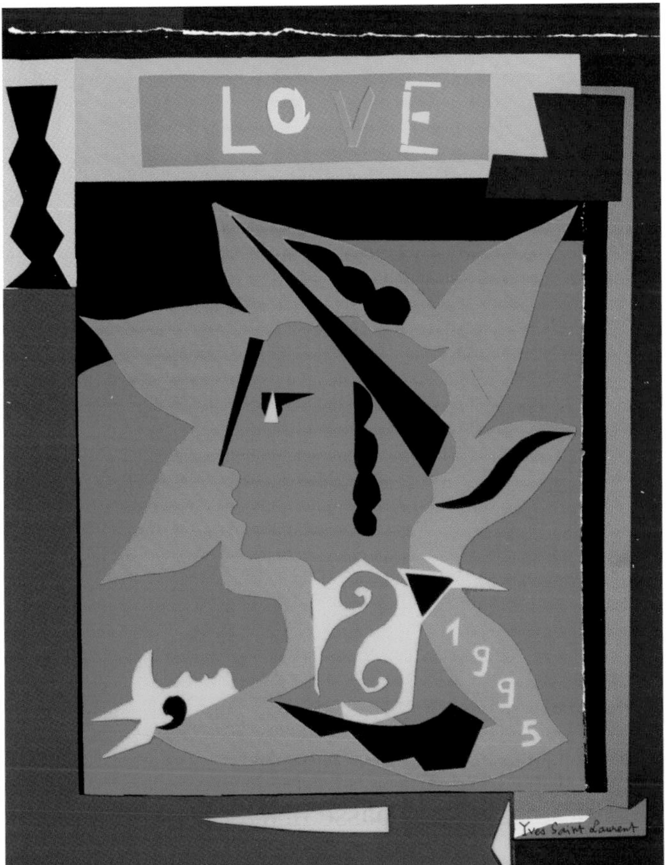
LOVE
1995
Yves Saint Laurent

Aimer c'est se surpasser.

Le Portrait de Dorian Gray, Oscar Wilde

Love

1996

Yves Saint Laurent

LOVE

1997

Yves Saint Laurent

65

Un grand amour est peut-être incomplet s'il n'a pas son déclin, son agonie, son dénouement.

Les Femmes et l'amour, SACHA GUITRY

LOVE

1998 Yves Saint Laurent

Yves Saint Laurent

yves Saint Laurent

Aimer est aussi action.

Amers, SAINT-JOHN PERSE

LOVE

2001

yves Saint Laurent

Aimez, aimez, tout le reste n'est rien.

Les Amours de Psyché et de Cupidon,
Jean de La Fontaine

LOVE

MOUJIK III

2002

Yves Saint Laurent

Il faut aimer sans cesse,
après avoir aimé.

La Nuit d'août, ALFRED DE MUSSET

LOVE

2003

yves Saint Laurent

Yves S

ve

2004

Laurent

Il est vrai que nous aimons la vie,
non que nous soyons accoutumés
à la vie, mais parce que nous sommes
habitués à l'amour.

Ainsi parlait Zarathoustra, Nietzsche

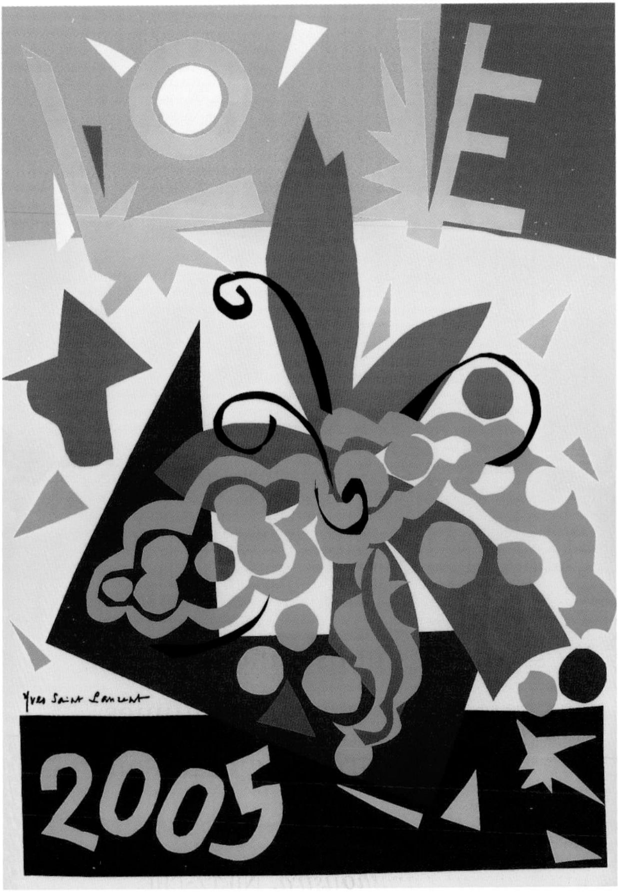
Yves Saint Laurent
2005

Photogravure Quadrilaser, 45140 Ormes
Achevé d'imprimer en juin 2008
sur les presses de l'imprimerie Kapp-Lahure à Évreux
ISBN : 978-2-7324-3260-1
Dépôt légal : février 2005